नेहरू बाल पुस्तकालय

फू-कू

दूसरे ग्रह का यात्री

लेखन और चित्रांकन

जगदीश जोशी

nbt.india
एकः सूते सकलम्
राष्ट्रीय पुस्तक न्यास, भारत
NATIONAL BOOK TRUST, INDIA

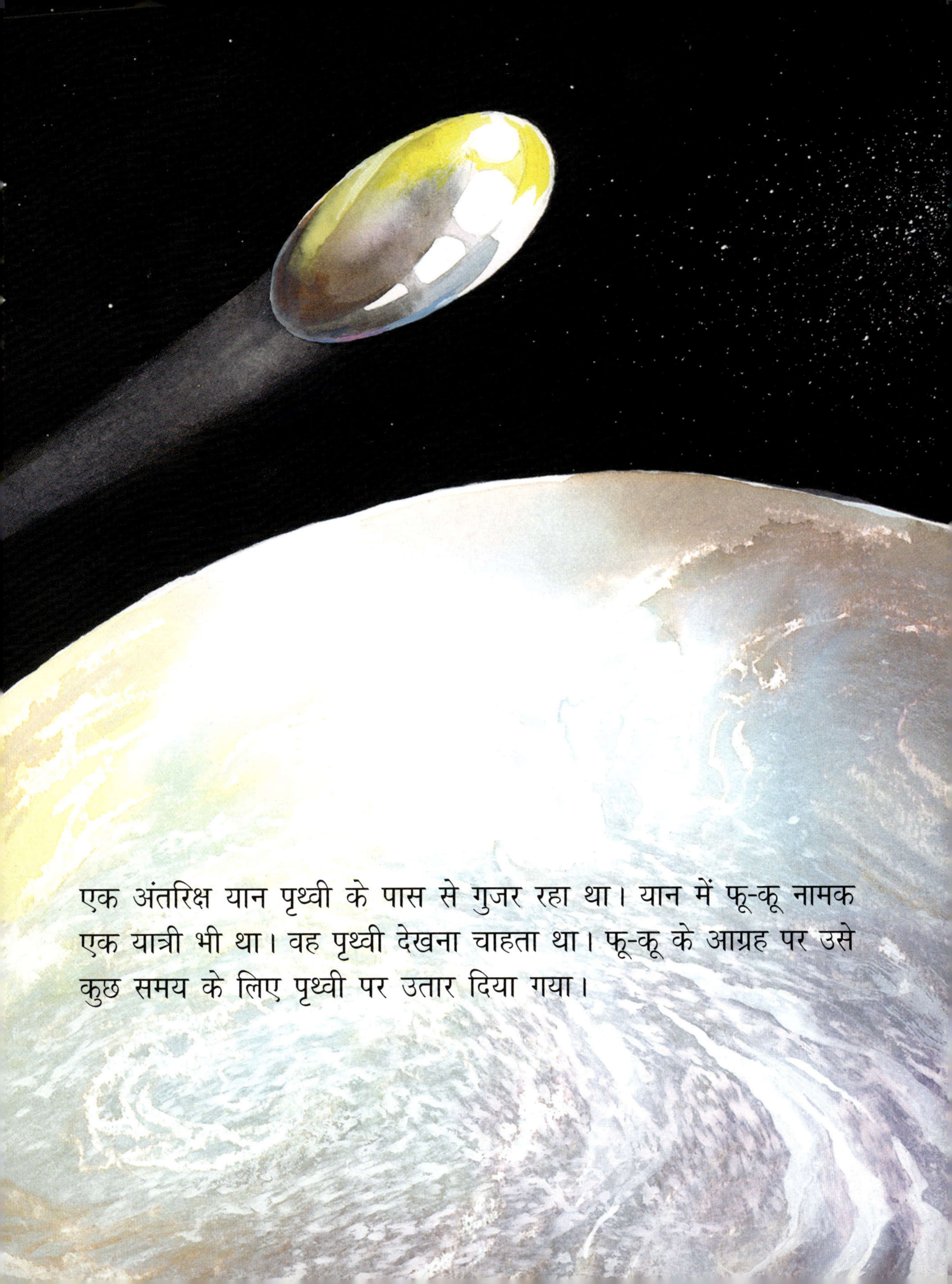

एक अंतरिक्ष यान पृथ्वी के पास से गुजर रहा था। यान में फू-कू नामक एक यात्री भी था। वह पृथ्वी देखना चाहता था। फू-कू के आग्रह पर उसे कुछ समय के लिए पृथ्वी पर उतार दिया गया।

पृथ्वी के रंग-बिरंगे फूल, हरे-भरे पेड़-पौधे, ऊपर नीला आकाश और नदियों का झिलमिलाता पानी–यह सब फू-कू के लिए एकदम नया था। खुशी से फू-कू इधर-उधर उछलने लगा।

तभी एक कौआ नन्हे से जीव फू-कू को देखते ही पकड़ने को झपटा।

अचानक हुए इस हमले से फू-कू बड़ी मुश्किल से कौए के पंजों से बच पाया।

दूर बैठी एक चिड़िया इस अनोखे नाटक को देख रही थी। उसने इस प्रकार का जीव पहले कभी नहीं देखा था। थोड़ी देर बाद वह उड़ी और फू-कू के पास ही एक टहनी पर बैठ गयी। उसने बड़े प्यार से पूछा, “आप कौन हैं और कहां से आये हैं?”

फू-कू को चिड़िया अच्छी लगी। उसने जवाब दिया, “मेरा नाम फू-कू है और मैं यहां से बहुत दूर, आकाशगंगा के एक दूसरे ग्रह से आया हूं।”

चिड़िया आकाशगंगा और दूसरे ग्रह जैसे शब्दों को समझ नहीं सकी।

कुछ सोच कर फू-कू ने चिड़िया से पूछा, "वह काला जीव कौन है जो मुझे पकड़ना चाहता था।"

चिड़िया ने कहा, "वह एक पक्षी है–कौआ। वह बड़ा निर्दयी है। वह यहां की छोटी चिड़ियों और कीड़े-मकोड़ों को पकड़ कर खा जाता है।"

फू-कू बोला, "यह तो बहुत बुरी बात है। क्या तुम उसे सबक सिखाना चाहोगी?"

"वह कैसे?" चिड़िया ने पूछा।

फू-कू ने एक बहुत बारीक डोर का सिरा चिड़िया को पकड़ाते हुए कहा, "इस डोर को तुम जाल की तरह झाड़ी के ऊपर फैला दो।"

चिड़िया को फू-कू की बात का मतलब तो समझ में नहीं आया, लेकिन उसने डोर को झाड़ी पर अच्छी तरह इधर-उधर फैला दिया।

थोड़ी देर बाद कौआ फू-कू को पकड़ने के लिए फिर से झपटा। किंतु कौए ने जैसे ही डोर को छुआ, एक जोरदार धमाका हुआ। कौए को एक झटका लगा और वह जमीन पर गिर पड़ा।

चिड़िया हैरान-परेशान थी। फिर वह फुदक कर फू-कू के पास आयी और बोली, “अरे, आप ने तो बेचारे कौए को मार डाला!”

फू-कू ने हंस कर कहा, “नहीं बहन, कौआ मरा नहीं है। वह तो बस थोड़ी देर के लिए बेहोश हुआ है।”

फू-कू ने आगे कहा, "अब तुम जाल की डोर को काट दो। कौआ थोड़ी देर बाद होश में आ कर उड़ जायेगा।"

इस घटना से घबराई चिड़िया एक डाल से दूसरी डाल पर फुदक-फुदक कर डोर काटने लगी।

अचानक जोर-जोर से आवाजें हुई...ढूम...धड़ाम...

ढूम
धड़ाम

इन जोरदार धमाकों से घबराये फू-कू ने चिल्ला कर पूछा, “यह सब क्या हो रहा है?”

इन भयानक आवाजों से डरी और सहमी चिड़िया ने कहा, “यहां के लोग गोले-बारूद से लड़ाई करते हैं। इससे बहुत से जानवर और पक्षी मारे जाते हैं। हजारों पेड़ और घर तबाह हो जाते हैं।”

“यहां के लोग तो बड़े अजीब हैं! इस तरह तो ये लोग इतनी सुंदर पृथ्वी को नष्ट कर देंगे।” फू-कू बोला।

तभी आकाश में फू-कू का अंतरिक्ष यान दिखाई दिया।

फू-कू इस हादसे से बहुत दुखी था। वह बिना कुछ कहे अपने यान की ओर उड़ गया। इस अजीब घटना से हैरान-परेशान चिड़िया केवल इतना ही कह सकी...

"अलविदा!!!"